LAURICE ELOK

PROTECTION Guide de prière

LAURICE ELOK

PROTECTION Guide de prière

Puissants sujets de prières de protection, contre le mal et les attaques maléfiquesRéveillez-Vous !

Éditions Croix du Salut

Imprint
Any brand names and product names mentioned in this book are subject to trademark, brand or patent protection and are trademarks or registered trademarks of their respective holders. The use of brand names, product names, common names, trade names, product descriptions etc. even without a particular marking in this work is in no way to be construed to mean that such names may be regarded as unrestricted in respect of trademark and brand protection legislation and could thus be used by anyone.

Cover image: www.ingimage.com

Publisher:
Éditions Croix du Salut
is a trademark of
Dodo Books Indian Ocean Ltd. and OmniScriptum S.R.L publishing group

120 High Road, East Finchley, London, N2 9ED, United Kingdom
Str. Armeneasca 28/1, office 1, Chisinau MD-2012, Republic of Moldova, Europe
Printed at: see last page
ISBN: 978-620-3-84543-3

PROTECTION

Guide de prière

PUISSANTS SUJETS DE PRIERES DE PROTECTION CONTRE LE MAL ET LES ATTAQUES MALEFIQUES

Oracle LAURICE ELOK

Protection

Contact :

- Tél : (+237) 678738942/655451966
- Email : lauriceelok@gmail.com

Réseaux Sociaux

- Blogue : eloklaurice.com
- Tweeter : lllaurice
- LinkedIn :Laurice Elok
- Facebook :Laurice Elok

Où acheter ce livre

- Boutique Réveillez-Vous : +237 678738942/655451966

Devenez un partenaire du Ministère :

- Composez-le (+237) 678738942/655451966 ou envoyez un mail à lauriceelok@gmail.com

Appel aux diffuseurs :
Si vous êtes intéressé par la distribution de ce guide de prière, appelez ou envoyer un SMS à ces numéros pour négociation. (+237) 678738942/ 655451966 ou lauriceelok@gmail.com

Pour vos commandes, appelez-le : +237 678738942/655451966 :

Vous pouvez acheter le livre en ligne sur : https://www.morebooks.de/shop-ui/shop/product/978-620-3-84543-3 et www.amazon.com, ou via Whatsapp au (+237 678738942)
E-mail : lauriceelok@gmail.com
Conception couverture : Laurice Elok

TABLE DE MATIÈRES

REVEIL SPIRITUEL, DELIVRANCE, RESTAURATION ET PROGRES

Est un ministère de Prière et de littérature chrétienne, qui œuvre pour le réveil spirituel dans le monde, la délivrance et la restauration des vies.

Réveillez-Vous met à votre disposition le livre " **Protection"**. Un guide de prière quotidien, qui vous aidera à prier pour votre protection contre les œuvres de l'ennemi et les attaques des forces maléfiques.

Le Réveil produit la délivrance, la délivrance produit la restauration et la restauration mène au progrès.

Dites-nous votre problème, et nous vous aiderons à trouver la solution avec Jésus-Christ le miraculeux.

Vous pouvez également partager votre témoignage avec nous, pour nous dire ce que Dieu a fait dans votre vie via ce guide de prière. WhatsApp : **+237 678738942** ou **reveillezvousmonde@gmail.com**

Réseaux Sociaux
Facebook : Laurice Elok

Présidente-Fondatrice
Laurice Elok

" Le réveil, pour le progrès "

DÉDICACE

Je dédie ce livre à titre de reconnaissance au Dieu tout puissant pour sa main protectrice sur ma vie, depuis ma conception jusqu'aujourd'hui.

REMERCIEMENTS

Je remercie le seigneur pour l'inspiration qu'il m'a donné et la force pour amener ce livre à l'existence. Ensuite je vais remercier ma maman de m'avoir montré le chemin de Dieu durant mon enfance en 1992. Ce chemin qui m'a fait connaître Dieu et l'expérimenté dans ma vie. J'envoie aussi mes remerciements à tous ceux qui m'ont toujours porté en prière ainsi qu'à mon cabinet d'écriture " **Laurice Knowledge"**

PRÉFACE

Ce livre de prière a été écrit sur la base de mes batailles spirituelles et des expériences que j'ai eu avec Dieu dans le domaine de la protection. Pour éveiller les consciences et partager avec le monde entier les merveilles de la prière. À travers ce livre, je veux démontrer au public que la prière est une arme très redoutable que l'on peut utiliser pour riposter aux attaques maléfiques, résoudre les problèmes et éteindre les flèches enflammées du mal.

BUT

Le but de ce guide de prière est de vous amener à prier pour votre protection au quotidien contre l'ennemi qui rôde autour de vous et les attaques des forces du mal, parce que le monde dans lequel nous vivions est devenu très cruel et méchant.

INTRODUCTION

La prière peut ce définie comme étant un mouvement de l'âme tendant à une communication spirituelle avec Dieu. La prière est une arme de feu qui détruire le mal. Elle vous protègeau quotidien et durant votre vie contre les attaques des forces des ténèbres. Vous devez prier chaque jour pour votre protection.

QU'EST-CE QU'UNE PRIÈRE CONTRE LES ATTAQUES MALEFIQUES ?

Une **prière contre les attaques maléfiques** est celle-là qui vous met à l'abri de toutes sortes de nuisances spirituelles, physiques ou émotionnelles. Si vous vous sentez menacer par qui que ce soit ou quoique ce soit. Et penser que quelque chose de mal pourrait vous arriver. Vous devez dans ce cas vous tourner vers la protection divine qui est la meilleure des protections.

POURQUOI AVONS-NOUS BESOIN DE PRIÈRE POUR NOTRE PROTECTION ?

Nous avons besoin de prier pour se protéger contre les combats physiques, les attaques mystiques, les œuvres du mal, les préjudices, les ennemis, les catastrophes naturelles, les maladies, les situations médicales, les imprévues, l'accouchement et le combat spirituel. Nous vivons dans un monde de mal et personnes n'est à l'abri des attaques maléfiques. Beaucoup de gens ont tendance à négliger la protection pourtant elle est indispensable pour notre vie.

POURQUOI DEVONS NOUS VEILLER DANS LA PRIERE ?

- Nous devons veiller dans la prière pour entendre les messages du Saint-Esprit et les signes du Seigneur.

- Nous devons veiller dans la prière pour détruit le mal de loin

- Nous devons veiller dans la prière pour détecter les manigances de l'ennemi.

- Nous devons veiller dans la prière pour entendre Dieu

- Nous devons veiller dans la prière pour nous fortifier
- Nous devons veiller dans la prière pour nous vivifier
- Nous devons veiller dans la prière pour notre propre bien
- Nous devons veiller dans la prière pour résister aux tentations
- Nous devons veiller dans la prière pourprotéger notre foi
- Nous devons veiller dans la prière pour augmenter notre puissance Spirituelle.

Chapitre 1

QUI EST LE MAL ?

Le mal c'est le diable. Sachez que votre ennemi c'est le diable et ses démons et non les êtres humains.

Dans le livre de **Ephésiens 6 : 12,** il est écrit :

> ***« C'est pourquoi, prenez toutes les armes de Dieu, afin de pouvoir résister dans le mauvais jour, et tenir ferme après avoir tout surmonté »***

À travers ce verset biblique, vous devez utiliser la parole de Dieu pour façonner votre pensée. Vous êtes appelé à être spirituel et non pas charnel. Le combat contre les forces du mal ne se fait pas de manière charnelle mais plutôt spirituel. Le diable ne vous attaque pas avec les coups de poings, il mène son combat dans l'invisible. C'est pourquoi la bible déclare :

Si nous marchons dans la chair, nous ne combattons pas selon la chair. Car les armes avec lesquelles nous combattons ne sont pas charnelles ; mais elles sont puissantes, par la vertu de Dieu, pour renverser des forteresses. (2Corinthiens 10 : 3-4)

VOUS ÊTES DONC PLUS FORT QUE LE DIABLE

Qu'est-ce qui vous rend plus fort que le diable ?

1. VOTRE POSITION SPIRITUELLE EN JÉSUS-CHRIST

Dieu a élevé Jésus-Christ au-dessus des principautés et des puissances. La Bible dit également que vous avez été ressuscité avec lui.

« Il nous a ressuscité ensemble, et nous a fait asseoir ensemble dans les lieux célestes, en Jésus-Christ »

Dans le règne spirituel dans lequel opèrent les occultistes, démons et sorciers, votre niveau est très haut : c'est cette supériorité qui vous rend plus fort que vos ennemis.

2. JÉSUS-CHRIST VIT EN VOUS

1 Jean 4 : 4 :

« Vous, petits-enfants, vous êtes de Dieu, et vous les avez vaincus, parce que celui qui est en vous est plus grand que celui qui est dans le monde »

La présence de Jésus-Christ dans votre corps, âme et esprit, rend la tâche difficile à l'ennemi quand il veut vous attendre. C'est la raison pour laquelle il continue de vous menacer. Si le diable avait la possibilité de finir avec votre vie, il en auraitfait depuis

.

3. JÉSUS-CHRIST A VAINCU SATAN POUR VOUS DONNER LE POUVOIR SUR LUI.

« Il a dépouillé les dominations et les autorités, et les a livrées publiquement en spectacle, en triomphant d'elles par la croix. »

Les saintes écritures déclarent que satan et ses démons sont des prisonniers désarmés ; ils ne sont pas libres et armés comme vous. Pourquoi donc avoir peur d'eux ?

4. JESUS-CHRIST VOUS A DONNE LE POUVOIR SUR SATAN

L'œuvre de La Croix vous a donné le pouvoir et l'autorité sur satan et ses démons.

Luc 10 : 19

« Voici, je vous ai donné le pouvoir de marcher sur les serpents et les scorpions, et sur toute la puissance de l'ennemi ; et rien ne pourra vous nuire. »

Avec tous les pouvoirs que Dieu vous a conféré, vous n'avez pas le droit d'accepter que quelque chose puisse nuire à votre vie ni à votre épanouissement. Ne laissez pas le diable piétiner votre pouvoir. Étant un enfant de Dieu, vous avez l'autorité sur l'ennemi et vous pouvez faire à l'ennemi tout ce donc vous auriez envie de faire.

- En Jésus-Christ Vous avez le pouvoir d'ordonner à la réalisation de ce que vous souhaitez voir ;
- En Jésus-Christ Vous avez le pouvoir de commander les démons ;
- En Jésus-Christ Vous avez le pouvoir de passer les ordres à satan ;
- En Jésus-Christ Vous avez le pouvoir d'éteindre les flèches de l'ennemi ;
- En Jésus-Christ Vous avez le pouvoir d'anéantir les plans de l'ennemi ;
- En Jésus-Christ vous pouvez chasser les esprits méchants ;
- En Jésus-Christ vous pouvez voir le mal de loin.

NB. **:**Ce pouvoir qui nous a été conféré par Jésus-Christ dans Luc 10 : 19, a effet sur l'ennemi si nous marchons dans la vérité.

Chapitre 2

COMMENT FAIRE POUR DEVENIR UN ENFANT DE DIEU

Il ne suffit pas d'aller à l'église et de prier. Aller à l'église chaque Dimanche pour prier ne signifie pas que tu es un enfant de Dieu. Tu peux aller à l'église tous les jours, mais Dieu ne te connaît pas. « Si un homme ne naît de nouveau, il ne peut voir le royaume de Dieu » (Jean 3 : 3)

Les étapes suivantes t'aideront à savoir que faire pour naître de nouveau

1ère Étape : Dieu t'aime et t'offre un plan merveilleux pour ta vie.
Jean 3 : 16 : ***« Car Dieu a tant aimé le monde qu'il a donné son Fils unique, afin que quiconque croit en lui ne périsse point, mais qu'il ait la vie éternelle. »***
Jean 10 : 10 : Jésus dit : ***« Moi, je suis venu afin que les brebis aient la vie, et qu'elles soient dans l'abondance***.
Cher ami, peu importe qui tu es, et ce que tu as fait de mauvais dans ta vie, Dieu t'aime malgré tout et il veut te sauver. (Romain 5 : 8).

2ème Étape : Tes péchés t'ont séparé de Dieu, c'est pourquoi tu ne jouis pas de ses bénédictions et n'expérimentes pas son plan merveilleux pour ta vie
Romain : 3 : 28 : « ***Car tous ont péché et sont privés de la gloire de Dieu*** » (Romain 6 : 33) ; « ***Car le salaire du péché, c'est la mort ; mais le don gratuit de Dieu, c'est la vie éternelle en Jésus Christ notre Seigneur »***. Toutes tes activités religieuses et tes efforts ne peuvent pas te sauver. Dieu à pourvu une très bonne solution pour toi.

3ème Étape : Jésus-Christ est le seul chemin qui mène à Dieu
Jean 14 : 6 : Jésus lui dit ***:« Je suis le chemin, la vérité, et la vie. Nul ne vient au Père que par moi »***. Jésus-Christ est le seul chemin qui mène à Dieu, il est le seul passeport qui mène au Paradis. Jésus est le seul sacrifice que Dieu peut accepter pour tes péchés. Tu peux te connecter au plan de Dieu pour ta vie à travers lui.

4ème **Étape** : Tu dois recevoir Jésus-Christ comme ton Seigneur et Sauveur personnel. C'est par lui que tu recevras les bénédictions de Dieu et expérimenter le plan de Dieu pour ta vie.
Reçois Jésus-Christ par une invitation personnelle et par la foi.
Apocalypse 3 : 20 : ***Si quelqu'un entend ma voix et ouvre la porte [Ton cœur], j'entrerai chez lui, je souperai chez lui, et lui avec moi.***
Si tu es prêt à donner ta vie à Jésus-Christ maintenant, pour jouir de ces bénédictions et expérimenter le plan de Dieu pour ta vie, fait cette prière de tout ton cœur.

Cher Seigneur Jésus-Christ, j'ai entendu parler de toi, j'ai besoin de toi dans ma vie, je t'ouvre la porte de mon cœur maintenant et je te reçois comme Seigneur et unique Sauveur. Je suis un pêcheur et Je reconnais avoir péché en pensée, en parole et en action. Pardonne tous mes péchés, et lave-moi de ton sang. Fais de moi un enfant de Dieu. Merci de m'avoir sauvé. Amen !

Félicitations ! Tu es maintenant un enfant de Dieu.
Jésus-Christ t'a entendu et t'a pardonné.

Il est actuellement en train d'organisé une grande fête de joie au ciel pour te célébrer. *(Luc 15 : 7).* ***"De même, je vous le dis, il y aura plus de joie dans le ciel pour un seul pécheur qui se repent.***

Ecrit-moi maintenant pour ton suivie. +237 678738942.

Apres votre réconciliation avec Dieu, vous devez maintenant bâtir votre relation et votre intimité avec lui. Pour cela vous devez suivre les étapes suivantes qui vous aideront à vous connecter à lui et recevoir de lui.

LA SANCTIFICATION :

L'une des choses qui nous permet d'avoir une intimité et une bonne relation avec Dieu est la sanctification. Pour plaire à Dieu il faut fuir le pèche et mener la vie de sainteté à laquelle il nous appel. Dieu aime le pécheur mais n'aime pas le péché. Car le péché conduit à la mort. Après avoir demandé pardon à Dieu pour tous tes péchés, tu dois les abandonnés totalement et commencer à mener une vie de sanctification comme il le préconise.

LA PRIERE :

La prière est le moyen par lequel on parle à Dieu. Tu dois avoir une vie de prière et parler à Dieu chaque jour par la prière. Tu peux programmer tes heurs de prière le matin, à midi, et le soir. Car la prière nous rapproche de Dieu.

LA LECTURE BIBLIQUE :

On se connecte à Dieu par la lecture de sa parole qui est les saintes écritures. Pour connaitre Dieu, il faut lire sa parole. Dieu utilise sa parole pour nous parler, pour nous instruire, pour nous enseigner, pour nous corriger et nous révéler des choses secrètes. La connaissance, la sagesse et les réponses à tous nos problèmes se trouvent dans les saintes écritures.

LA MÉDITATION :

Après avoir lu la parole de Dieu, tu la médite, et la mets en pratique pour que Dieu puisse demeurer en toi. Dieu est ami des celui qui garde ses paroles dans son cœur. C'est par la méditation que Dieu nous inspire et révèle beaucoup de choses secrètes.

LA COMMUNION FRATERNELLE :

Apres avoir invité Jésus-Christ dans ta vie comme seigneur et sauver, tu dois aller dans la maison de Dieu qui est l'église pour communier avec les frères en christ, pour le louer, l'adorer, suivre ses enseignements et t'intégrer dans sa maison comme disciple de Jésus. On ne murir pas spirituellement en restant à la maison. L'Eglise est l'entreprise terrestre de Dieu ou chacun reçois une tache spécifique pour le servir.

LA LITTÉRATURE CHRÉTIENNE :

Tu dois lis les bons livres chrétiens pour t'instruire et avoir la connaissance spirituelle.

LA LOUANGE ET L'ADORATION :

Pour bâtir ton intimité avec Dieu, tu dois l'adorer en esprit et en vérité à travers les cantiques. Car Dieu aime quand on le chante des louanges et des chants adoration.

LA DIME ET L'OFFRANDE :

Pour bâtir une intimité avec Dieu, tu dois lui donner ton argent sur forme de dime et d'offrande. Cette dime et offrande se donne à l'église qui est la maison de Dieu. Quand Dieu te donne quelque chose, il veut juste que tu lui donne en retour un 1 centime de ce qui ta donnée pour lui prouver ton amour et ta gratitude envers lui. Lisez le livre de Malachie dans la bible pour mieux comprendre.

INSTRUCTION GÉNÉRALE :

Avant de prier vous devez vous rassurer d'être né de nouveau. Si tu vie encore dans le péché et l'iniquité saches que tu es sous la punition et la colère de Dieu. Le péché ferme les oreilles de Dieu face à la prière et mets une barrière entre l'homme et lui. Celui qui vit dans le péché est ennemi de Dieu et est lui-même son propre ennemi. Pour faire ces prières il faudrait d'abord te réconcilier avec Dieu par la prière de repentance à la quatorzième (14) page du livre avant de venir prier. Si non ta prière n'aurait aucun effet. Vous ne pouvez prétendre prendre part au pain des enfants de Dieu si vous vivez dans le péché. Dieu n'exauce pas les pécheurs.

Êtes-vous persécuté par vos proches ou par un collègue dans votre emploi/travail ? Vous avez besoin d'une prière puissante contre les ennemis visibles et invisibles, contre la persécution au travail, autour de vous et contre le mal.

Chapitre 3

EQUIPEZ VOUS AVEC LES ARMES DE DIEU AVANT DE PRIER

Les Saintes Écritures préconisent que nous devons revêtir « toutes les armes » de Dieu selon (**Éphésiens 6 :11-18**). Quand nous étudions les Écritures et prions sincèrement, c'est comme si nous revêtions une armure qui aide à nous préserver du mal.

LE CASQUE DU SALUT

Un casque protège la tête. Nous préservons notre esprit quand nous suivons Jésus et faisons ce qu'il veut que nous fassions.

BOUCLIER DE LA FOI

La foi en Jésus-Christ est comme un bouclier de protection. Quand nous croyons en Jésus et essayons d'être comme lui, nous pouvons faire de bons choix, même quand les choses sont difficiles.

LA CEINTURE DE LA VÉRITÉ

La ceinture aide à protéger le corps du soldat. La connaissance de ce qui est vrai nous protège. L'Évangile est vrai et vivre cet évangile nous rend forts et inébranlables.

LA CUIRASSE DE LA JUSTICE

La cuirasse protège le cœur de l'homme. Quand nous aimons Dieu de tout notre cœur, nous essayons de respecter ses commandements. Nous sommes bénis quand nous choisissons le bien.

LES CHAUSSURES DE LA PRÉPARATION DE LA PAIX

Les chaussures protègent les pieds. Nous essayons de suivre les pas de notre seigneur Jésus-Christ pour pouvoir vivre avec lui un jour.

L'ÉPÉE DE L'ESPRIT

Une épée aide à combattre le mal. L'Esprit nous aide quand nous rencontrons des choses mauvaises ou des situations difficiles. Écouter l'Esprit nous aide à rester sain et sauf.

LISEZ LES SAINTS ECRITURES

Esaïe 8 : 10 : Formez des projets, et ils seront anéantis ; Donnez des ordres, et ils seront sans effet : Car Dieu est avec nous.

Esaïe 54 : 17 : Toute arme forgée contre toi sera sans effet ; Et toute langue qui s'élèvera en justice contre toi, Tu la condamneras. Tel est l'héritage des serviteurs de l'Éternel, Tel est le salut qui leur viendra de moi, Dit l'Éternel.

Esaïe 41 : 12-14 : Voici, ils seront confondus, ils seront couverts de honte, Tous ceux qui sont irrités contre toi ; Ils seront réduits à rien, ils périront, Ceux qui disputent contre toi.
Tu les chercheras, et ne les trouveras plus, Ceux qui te suscitaient querelle ; Ils seront réduits à rien, réduits au néant, Ceux qui te faisaient la guerre. Car je suis l'Éternel, ton Dieu, Qui fortifie ta droite, Qui te dit : Ne crains rien, Je viens à ton secours.

Psaumes 91 : Celui qui demeure sous l'abri du Très Haut Repose à l'ombre du Tout Puissant. Je dis à l'Éternel : Mon refuge et ma forteresse, Mon Dieu en qui je me confie ! Car c'est lui qui te délivre du filet de l'oiseleur, De la peste et de ses ravages. Il te couvrira de ses plumes, Et tu trouveras un refuge sous ses ailes ; Sa fidélité est un bouclier et une cuirasse.

Tu ne craindras ni les terreurs de la nuit, Ni la flèche qui vole de jour, Ni la peste qui marche dans les ténèbres, Ni la contagion qui frappe en plein midi. Que mille tombent à ton côté, Et dix mille à ta droite, Tu ne seras pas atteint ; De tes yeux seulement tu regarderas, Et tu verras la rétribution des méchants. Car tu es mon refuge, ô Éternel ! Tu fais du Très Haut ta retraite. Aucun malheur ne t'arrivera, Aucun fléau n'approchera de ta tente. Car il ordonnera à ses anges De te garder dans toutes tes voies ;

Ils te porteront sur les mains, De peur que ton pied ne heurte contre une pierre.
Tu marcheras sur le lion et sur l'aspic, Tu fouleras le lionceau et le dragon.
Puisqu'il m'aime, je le délivrerai ; Je le protégerai, puisqu'il connaît mon nom.
Il m'invoquera, et je lui répondrai ; Je serai avec lui dans la détresse, Je le délivrerai et je le glorifierai. Je le rassasierai de longs jours, Et je lui ferai voir mon salut.

INSTRUCTION

- Repentance de vos péchés
- Remercier Dieu pour le souffle de vie
- Demandez à Dieu le Saint-Esprit
- Entourez-vous de la muraille de feu du Saint-Esprit

Priez en vous appuyant sur la parole de Dieu.

LE MATIN

Heures Stratégiques

Priez pour votre protection à partir de 00h, 2h 3h ou 5h du matin, pour vous blinder dans le sang de Jésus et couvrir votre journée.

N.B : C'est à partir de ses horaires que les agents du mal se lèvent pour planifient le mal, programmer votre journée et former les projets maléfiques contre vous. Vous devez vous lever pour déprogrammer leurs

Chapitre 4

ACTIONS

POINTS DE PRIÈRES

1. Sur la base du Psaumes 91, je place ma vie, mon corps, mon âme, mon esprit, mon étoile, ma santé, ma volonté, mes sentiments, mes finances et mon emploi sous le sang de l'agneau. Au nom de Jésus-Christ. Amen !

2. Seigneur lève-toi, pour écraser à néant tous les méchants plans de l'ennemi contre ma vie, mon corps, mon âme, mon esprit, mon étoile, ma santé, ma volonté, mes sentiments, mes finances et mon emploi pendant cette journée. Au nom de Jésus. Amen !

3. Seigneur annule toutes les décisions de l'ennemi contre ma vie, mon corps, mon âme, mon esprit, mon étoile, ma santé, ma volonté, mes sentiments, mes finances et mon emploi pendant cette journée. Au nom de Jésus. Amen !

4. Seigneur protège moi contre les envoûtements au nom de Jésus. Amen !

5. Je saccage tous les méchants plans de l'ennemi contre ma vie mon corps mon âme et mon esprit. Au nom de Jésus. Amen !

6. J'anéantis toutes les manigances de l'ennemi contre moi. Au nom de Jésus. Amen !

7. Je renverse tous les projets de l'ennemi contre moi au nom de Jésus. Amen !

8. Je renverse tous les projets d'accidents contre moi au nom de Jésus. Amen !

9. Je renverse tous les projets de mort planifiés par l'ennemi contre ma vie. Au nom de Jésus. Amen !

10. J'anéantis tous les projets formés par l'ennemi contre ma vie, au nom de Jésus. Amen !

11. Je saccage tout piège tendu par l'ennemi contre moi au nom de Jésus. Amen !

12. Que toutes les flèches de l'ennemie lancées pour me cibler soient sans effet et retournent à l'expéditeur au nom de jésus. Amen

13.J'anéantis tous les méchants plans de Satan perpétrés depuis l'enfer contre ma vie. Au nom de Jésus. Amen !

14. Que tous pouvoirs qui passent la nuit a travaillé contre moi soient détruits par le feu. Au nom de Jésus, Amen

15.J'anéantis et je paralyse tous les plans d'accident contre ma famille et moi au nom de Jésus. Amen !

16. Que tout pouvoir qui vient pour voler mes bénédictions en cette journée soit maudit. Au nom de Jésus, Amen

17.J'anéantis tous plans d'empoisonnements contre moi au nom de Jésus. Amen !

18. Que toutes personnes qui planifient l'accident contre moi, fassent l'accident à ma place au nom de Jésus. Amen !

19. Que tous pouvoirs de méchanceté dans les lieux élevés contre moi famille soient détruits par le feu. Au nom de Jésus, Amen

20. Je frustre tous complots de l'ennemi contre moi au nom de Jésus. Amen !

21.J'anéantis et réduis à néant toutes les fausses prophéties et pronostics contre moi et ma journée, au nom de Jésus. Amen

22.J'anéantis l'influence de tous mauvais rêves sur ma vie et ma journée au nom de Jésus, Amen

23. Je détruis tous les œuvres de l'ennemi contre moi au nom de Jésus. Amen !

24.J'anéantis toutes activités de la jalousie contre ma vie en ce jour, au nom de Jésus. Amen

25. Je déracine toutes mauvaises plantes que l'ennemie a semé dans ma vie pendant mon sommeil, au nom de Jésus amen

26. Je récupère tout ce que l'ennemi m'a volé dans mon sommeil, au nom de Jésus. Amen

27. Je déroute tous les agents de la malchance sur mon chemin pendant cette journée, au nom de Jésus. Amen

28. Je proclame sur la base d'Esaïe 54 :17, que toutes les armes de l'ennemi forgées contre moi sera sans effet, au nom de Jésus. Amen !

29. Je réduis à néant toutes armes forgées contre moi et je retourne l'arme de l'ennemi contre lui pour l'abattre au nom de Jésus. Amen !

30. Je déprogramme toutes programmations mystiques, sataniques, et de sorcelleries contre ma journée et moi au nom de Jésus. Amen !

31. Je paralyse tous les programmes de l'ennemi contre ma journée et moi au nom de Jésus. Amen !

32.J'anéantis toutes les pratiques mystiques faites contre ma vie au nom de Jésus. Amen !

33.J'anéantis tous les assauts de l'ennemi contre ma vie au nom de Jésus. Amen !

34.J'anéantis toutes formes d'incarnations faites contre moi dans les messes noires au nom de Jésus. Amen !

35. Je condamne toutes langues qui parlent contre moi au nom de Jésus. Amen !

36.J'annule toutes imprécations de l'ennemi contre moi au nom de Jésus. Amen !

37. Seigneur frappe d'aveuglement tout œil mystique qui contrôle ma vie au nom de Jésus. Amen !

38. Je paralyse l'homme fort de ma vie au nom de Jésus. Amen !

39. Que toutes personnes qui planifient le mal contre moi subissent ce mal à ma place au nom de Jésus. Amen !

40. Que toutes personnes qui planifient ma mort meurent à ma place au nom de Jésus. Amen !

41. Que toutes personnes qui souhaitent la maladie contre moi attrapent cette maladie à ma place au nom de Jésus. Amen

42.J'anéantis et renverse tous les plans de malheur planifie par l'ennemi contre moi au nom de Jésus. Amen !

43.J'anéantis tous plans de tragédies contre moi au nom de Jésus. Amen !

44. Je saccage tous les pièges mystiques tendus contre moi en ce jour au nom de Jésus. Amen !

45. Je saccage tous les pièges de la sorcellerie contre moi et ma journée. Au nom de jésus, amen

46.J'annule toutes décisions de l'ennemi contre ma vie au nom de Jésus. Amen !

47. Que tout autel qui œuvre contre ma vie et mes journées soit détruit par le feu, au nom de Jésus. Amen !

48. Je cache ma santé dans le sang de jésus au nom de Jésus. Amen !

49. Je cache mon étoile et mes projets dans le sang de Jésus au nom de Jésus. Amen !

50. Je proclame la victoire sur tous les défis qui se trouveront sur mon chemin ce jour, au nom de Jésus. Amen

51. Seigneur rends-moi invisible aux yeux de l'ennemi au nom de Jésus. Amen !

52. Je me blinde dans le sang de jésus au nom de jésus. Amen !

53. Que tout calendrier mystique imprimé contre ma vie soit consumé par le feu au nom de Jésus. Amen !

54. Que tout calendrier mystique imprimé contre mes journées soit consumé par le feu au nom de Jésus. Amen !

55. Que toute date de malheur programmer par l'ennemi contre ma vie soit effacé par le sang de jésus, au nom de jésus. Amen !

56. Seigneur dégage sur mon chemin tout agent de l'ennemi préparé contre ma vie pendant cette journée, au nom de Jésus. Amen !

57. Seigneur dégage sur mon chemin toutes mauvaises mains de salutations. Au nom de jésus. Amen !

58. Je bâtis une haie de protection autour de moi au nom de Jésus. Amen !

59. Je bâtis une haie de protection autour de ma santé au nom de Jésus. Amen !

60. Je bâtis une haie de protection autour de ma destinée, au nom de Jésus. Amen !

61. Je bâtis une haie de protection autour de mes projets au nom de Jésus. Amen !

62. Je bâtis une haie de protection autour de mes affaires au nom de Jésus. Amen !

63. Je bâtis une haie de protection autour de mes pensées, mon cœur, mes émotions et mon intuition au nom de Jésus. Amen !

64. Je bâtis une haie de protection autour de mon emploi, au nom de Jésus. Amen !

65. Je bâtis une haie de protection autour de mes finances et mes entreprises au nom de Jésus. Amen

66. Je bâtis une haie de protection autour de mes entreprises au nom de Jésus. Amen !

67. Je bâtis une haie de protection autour de mes talents, mes dons, ma vision et mon appel au nom de Jésus. Amen !

68. Seigneur enveloppe moi de ta muraille de feu au nom de Jésus. Amen !

69. Seigneur protège moi contre les empoisonnements. Au nom de Jésus. Amen !

70. Je révoque tout décret satanique contre ma vie et ma journée au nom de Jésus. Amen !

71.Père que toute télécommande mystique qui manipule ma vie soit grillée au nom de Jésus. Amen !

72. Que toutes représailles de l'ennemi contre moi a cause de mes prières soit nulle et sans effet. Au nom de Jésus. Amen !

Remerciez le Seigneur tout puissant pour l'exaucement de vos prières

.

LE SOIR

Priez à partir de 22h pour votre protection, pour vous blinder dans le sang de Jésus et couvrir votre nuit contre les oppressions démoniaques, les couches de nuits, les repas de nuit, les breuvages de nuit etc.

N.B : C'est à partir de ses horaires que le diable et les agents du mal se lève pour organiser leurs nuits d'attaques mystiques pour lancer les sortilèges, les maladies mystiques et vous attaquer dans votre sommeil et dans vos rêves. Vous devez vous lever pour les anéantir dans la prière.

POINTS DE PRIÈRES

1. Sur la base du Psaumes 91, je place ma vie, mon corps, mon âme, mon esprit, mon étoile, et ma santé dans le sang de l'agneau. Au nom de Jésus. Amen !

2. Seigneur lève-toi dans ma vie pour écraser à néant tous les méchants plans de l'ennemi contre ma vie, mon corps, âme, esprit, dans le sang de l'agneau. Au nom de Jésus. Amen !

3. Seigneur lève-toi dans ma vie pour écraser à néant tous les méchants plans de l'ennemi contre mon étoile et ma santé dans le sang de l'agneau. Au nom de Jésus. Amen !

4. Seigneur annule toutes les décisions de l'ennemi contre ma vie, mon corps, âme, esprit, dans le sang de l'agneau. Au nom de Jésus. Amen !

5. Seigneur annule toutes les décisions de l'ennemi contre mon étoile et ma santé dans le sang de l'agneau. Au nom de Jésus. Amen !

6. Je saccage tous les méchants plans de l'ennemi contre ma vie, mon corps mon âme et mon esprit. Au nom de Jésus. Amen !

7. J'annule tous les plans de mort contre moi pendant cette nuit au nom de Jésus. Amen !

8. Je détruis toutes les œuvres de l'ennemi contre moi au nom de Jésus. Amen !

9. Seigneur protège moi contre les oppressions démoniaques au nom de Jésus. Amen !

10. Seigneur protège moi contre les couches de nuit au nom de Jésus. Amen !

11. Seigneur protège moi contre les maladies mystiques au nom de Jésus. Amen !

12. Seigneur protège moi contre les sortilèges au nom de Jésus. Amen !

13. Que tout sortilèges envoyer contre moi soit détruit par le feu, et retourne à l'envoyeur, au nom de jésus. Amen !

14. Seigneur protège moi contre les poisons mystiques au nom de Jésus. Amen !

15. Seigneur protège moi contre les piqûres mystiques au nom de Jésus. Amen !

16. Que tout voie mystique qui m'appel dans la nuit soit muet, au nom de jésus. Amen !

17. Que toute personne qui utilisela voix de mes proches pour m'appeler mystiquement soit paralysée au nom de jésus. Amen !

18. Seigneur rend muet toute voix mystique qui m'appelle dans la nuit au nom de jésus. Amen !

19. Je réduis à néant toutes armes forgées contre mon sommeil, au nom de Jésus. Amen !

20. Je réduis à néant toutes armes forgées contre moi et je retourne l'arme de l'ennemi contre lui pour l'abattre au nom de Jésus. Amen !

21.J'anéantis toute forme d'incantations faites contre ma vie pendant cette nuit au nom de Jésus. Amen !

22.J'anéantis toutes prières psychiques faire contre moi au nom de jésus. Amen !

23. Je perce tout œil mystique qui guette ma vie au nom de Jésus. Amen !

24.J'annule toutes décisions de l'ennemi contre ma vie au nom de Jésus. Amen !
25.J'aplanis tous les plans de l'ennemi contre moi au nom de jésus. Amen !

26. Je cache mon étoile dans le sang de Jésus au nom de Jésus. Amen !

27. Je me rends invisible aux yeux des sorciers au nom de Jésus. Amen !

28. Je me rends invisible dans les miroirs au nom de Jésus. Amen !

29. Je me rends invisible dans les messes noires u nom de Jésus. Amen !

30. Je révoque tout décret satanique contre moi au nom de Jésus. Amen !

31. Je révoque tout décret satanique contre ma santé au nom de Jésus. Amen !

32. Je révoque tout décret satanique contre mon bonheur au nom de Jésus. Amen !

33. Je bâtis une haie de protection autour de moi au nom de Jésus. Amen !

34. Je bâtis une haie de protection autour de ma santé au nom de Jésus. Amen !

35. Je bâtis une haie de protection autour de mon lit au nom de Jésus. Amen !

36. Je bâtis une haie de protection autour de mes pensées, au nom de Jésus. Amen !

37. Je bâtis une haie de protection autour de mon cœur, au nom de Jésus. Amen !

38. Je bâtis une haie de protection autour de mes émotions au nom de Jésus. Amen !

39. Je bâtis une haie de protection autour de mon intuition au nom de Jésus. Amen !

40. Je bâtis une haie de protection autour mon subconscient au nom de Jésus. Amen !

41. Je bâtis une haie de protection autour de ma chambre au nom de Jésus. Amen !

42. Je bâtis une haie de protection autour de mes rêves positives au nom de Jésus. Amen !

43. Au nom de Jésus, je lis toutes les principautés, puissances de l'air, et de méchanceté dans les hauts lieux, qui exercent une influence sur ma vie au nom de Jésus. Amen

44. Au nom de Jésus, je lis toutes les principautés, puissances de l'air, et de méchanceté qui exercent une influence sur ma destinée, au nom de jésus. Amen

45. Au nom de Jésus, je lis toutes les principautés, et puissances qui influencent mon emploi au nom de jésus. Amen

46. Au nom de Jésus, je détruis tout pouvoir mystique qui contrôle mes pas au nom de Jésus. Amen

47. Au nom de Jésus, je lis et je brise toute œuvre maléfique affectant mes émotions, au nom de jésus. Amen

48. Au nom de Jésus, je liset je brise toute œuvre maléfique contre ma santé au nom de Jésus. Amen

49. Au nom de Jésus, je détruis tous pouvoirs maléfiques qui apportent de l'aide à mes ennemies contre ma vie au nom de Jésus. Amen

50. Remerciez le Seigneur tout puissant pour l'exaucement de vos prières.

Armez-vous toujours de la prière pour tirer sur les forces maléfiques qui s'attaquent à vous. Nous vivons dans un monde de méchanceté et d'hypocrisie. Réveillez-Vous ! Pour votre sécurité.

Chapitre 5

PRIERES CONTRE LES FORCES SATANIQUES
PRIEZ LE SOIR ENTRE 00H et 03h

LISEZ LES SAINTS ECRITURES

1 Cor 9 :26 : « ***Je frappe, non pas comme battant l'air.*** »

2Cor 10 :3-5 ***« Si nous marchons dans la chair, nous ne combattons pas selon la chair. Car les armes avec lesquelles nous combattons ne sont pas charnelles ; mais elles sont puissantes, par la vertu de Dieu, pour renverser des forteresses. Nous renversons les raisonnements et toute hauteur qui s'élève contre la connaissance de Dieu, et nous amenons toute pensée captive à l'obéissance de Christ. »***

1. Que toute chaîne satanique qui me retient captif soit brisée au nom de Jésus.

2. Que tout pouvoir démoniaque qui m'attaque à cause de mes prières, tombe et meurs au nom de Jésus.

3. Que le pouvoir de Dieu restaure toutes mes vertus et mes potentiels volés au nom de Jésus. Amen

4. O Père lève-Toi pour détruit par ton tonnerre tous les autels et temples assignés contre ma vie, au nom de Jésus.

5. Que toute image, tout élément qui me représentent dans le Royaume des ténèbres, soient brulée par le feu, au nom de Jésus.

6. Je déclare que cette année, est mon année de succès et d'accomplissement au nom de Jésus.

7. Que toute flèche maléfique tirée contre moi et ma famille, retourne à l'envoyeur au nom de Jésus.

8. Que tout pouvoir, assit sur ma richesse et ma position, reçois le feu et meurs au nom de Jésus.

9. Cercueils sataniques préparés contre ma famille et moi, prenez feu au nom de Jésus.

10. Par le sang de Jésus, j'efface toute écriture mystique, d'échec et de honte sur ma vie au nom de Jésus.

11. Que tout pouvoir de serpent qui trouble ma vie, meurs par le feu au nom puissant de Jésus

12. Tout pouvoir des eaux qui troublent ma vie, meurs par le feu au nom puissant de Jésus

13. Que tout ennemi de la maison de mon père qui œuvre contre moi, tombe et meurt au nom de Jésus.

14. Je décrète que tous les mois restant de cette année seront des mois de santé divine pour ma famille et moi au nom de Jésus.

15. Je retire le contrôle de ma vie des mains et de la domination des ennemis de ma lignée familiale au nom de Jésus.

16. O Dieu de miracle, opère un miracle étonnant dans ma vie avant la fin de cette année, car rien ne t'est impossible, au nom de Jésus.

17. O Dieu mon Père, donne-moi la puissance de résister à toute chose qui voudrait prendre ta place dans ma vie au nom de Jésus.

18. O Dieu mon Père, donne-moi la puissance de résister à toute personne qui voudrait prendre ta place dans ma vie au nom de Jésus.

19. Feu de Dieu, descend et détruit tous les autels négatifs et leurs démons en mission venant de la maison de mon père qui affectent ma vie au nom de Jésus.

20. Par le Sang puissant de Jésus Christ, que toute malédiction envoyée contre ma vie soit brisée au nom de Jésus.

21. O Dieu, envoie Ton feu dans la fondation de ma vie et purifie mes fondements au nom de Jésus.

22. Je me lève contre tout destructeur de ma vie au nom de Jésus.

Chapitre 6

PRIÈRES POUR VOTRE FAMILLE

Plusieurs personnes n'ont pas souvent le temps de prier pour leurs familles. La bible nous recommande de prier les uns pour les autres. Ne soyez pas égoïste, trouvez-en peu de temps pour prier pour vos familles.

Instruction : Priez avec les mêmes sujets de prière pour la protection de votre famille à partir de 00h, 3h, 5h, 12h, 15h, 18h 22 selon votre disponibilité, pour anéantir les plans de l'ennemi contre eux.

POINTS DE PRIÈRES

1. Sur la base du Psaumes 91, je place la vie, le corps, mon âme, mon esprit, des membres de ma famille sous le sang de l'agneau. Au nom de Jésus-Christ. Amen !

2. Seigneur lève-toi, pour écraser à néant tous les méchants plans de l'ennemi contre la vie, le corps, l'âme, et l'esprit de chaque membre de ma famille pendant cette journée. Au nom de Jésus. Amen !

3. Seigneur annule toutes les décisions de l'ennemi contre la vie, de chaque membre de ma famille pendant cette journée. Au nom de Jésus. Amen !

4. Seigneur protège ma famille contre les envoûtements au nom de Jésus. Amen !

5. Je saccage tous les méchants plans de l'ennemi contre ma famille. Au nom de Jésus. Amen !

6. J'anéantistoutes les manigances de l'ennemi contre ma famille. Au nom de Jésus. Amen !

7. Je renverse tous les projets de l'ennemi contre ma famille au nom de Jésus. Amen !

8. Je renverse tous les projets d'accidents contre ma famille au nom de Jésus. Amen !

9. Je renverse tous les projets de mort planifiés par l'ennemi contre ma famille. Au nom de Jésus. Amen !

10. J'anéantis tous les projets formés par l'ennemi contre ma famille, au nom de Jésus. Amen !

11. Je saccage tout piège tendu par l'ennemi contre ma famille au nom de Jésus. Amen !

12. Que toutes les flèches de l'ennemie lancées pour cibler ma famille soient sans effet et retournent à l'expéditeur au nom de jésus. Amen

13. J'anéantis tous les méchants plans de Satan perpétrés depuis l'enfer contre ma famille. Au nom de Jésus. Amen !

14. Que tous pouvoirs qui passent la nuit a travaillé contre ma famille soient détruits par le feu. Au nom de Jésus, Amen

15. J'anéantis et je paralyse tous les plans d'accident contre ma famille et moi au nom de Jésus. Amen !

16. Que tout pouvoir qui vient pour voler les bénédictions de ma famille en cette journée soit maudit. Au nom de Jésus, Amen

17. J'anéantis tous plans d'empoisonnements contre ma famille au nom de Jésus. Amen !

18. Que toutes personnes qui planifient l'accident contre ma famille, fassent l'accident à sa place au nom de Jésus. Amen !

19. Que tous pouvoirs de méchanceté dans les lieux élevés contre ma famille soient détruits par le feu. Au nom de Jésus, Amen

20. Je frustre tous complots de l'ennemi contre ma famille au nom de Jésus. Amen !

21.J'anéantis et réduis à néant toutes les fausses prophéties et pronostics contre ma famille en cette journée, au nom de Jésus. Amen

22.J'anéantis l'influence de toutes mauvaises paroles sur ma famille et ma journée au nom de Jésus, Amen

23. Je détruis tous les œuvres de l'ennemi contre ma famille au nom de Jésus. Amen !

24.J'anéantis toutes activités de la jalousie contre ma famille en ce jour, au nom de Jésus. Amen

25. Je déracine toutes mauvaises plantes que l'ennemie a semé dans ma famille pendant la nuit, au nom de Jésus amen

26. Je récupère tout ce que l'ennemi avolé à ma famille, au nom de Jésus. Amen

27. Je déroute tous les agents de la malchance sur le chemin de ma famille pendant cette journée, au nom de Jésus. Amen

28. Je proclame sur la base d'Esaïe 54 :17, que toutes armes forgées contre ma famille sera sans effet, au nom de Jésus. Amen !

29. Je réduis à néant toutes armes forgées contre ma famille et je retourne l'arme de l'ennemi contre lui pour l'abattre au nom de Jésus. Amen !

30. Je déprogramme toutes programmations mystiques, sataniques, et de sorcelleries contre ma famille au nom de Jésus. Amen !

31. Je paralyse tous les programmes de l'ennemi contre ma famille au nom de Jésus. Amen !

32.J'anéantis toutes les pratiques mystiques faites contre ma famille au nom de Jésus. Amen !

33.J'anéantis tous les assauts de l'ennemi contre ma famille au nom de Jésus. Amen !

34.J'anéantis toute forme d'incarnations faites contre ma famille dans les messes noires au nom de Jésus. Amen !

35. Je condamne toutes langues qui parlent contre ma famille au nom de Jésus. Amen !

36.J'annule toutes imprécations de l'ennemi contre ma famille au nom de Jésus. Amen !

37. Seigneur frappe d'aveuglement tout œil mystique qui contrôle ma famille au nom de Jésus. Amen !

38. Je paralyse l'homme fort de ma famille au nom de Jésus. Amen !

39. Que toutes personnes qui planifient le mal contre ma famille subissent ce mal à sa place au nom de Jésus. Amen !

40. Que toutes personnes qui planifient la mort de ma famille meurent à sa place au nom de Jésus. Amen !

41. Que toutes personnes qui souhaitent la maladie contre ma famille attrapent cette maladie à sa place au nom de Jésus. Amen

42.J'anéantis et renverse tous les plans de malheur planifie par l'ennemi contre ma famille au nom de Jésus. Amen !

43.J'anéantis tous plans de tragédies contre ma famille au nom de Jésus. Amen !

44. Je saccage tous les pièges mystiques tendus contre ma famille en ce jour au nom de Jésus. Amen !

45. Je saccage tous les pièges de la sorcellerie contre ma famille pendant cettejournée. Au nom de jésus, amen

46.J'annule toutes décisions de l'ennemi contre ma famille au nom de Jésus. Amen !

47. Que tout autel qui œuvre contre ma famille et ses journées soit détruit par le feu, au nom de Jésus. Amen !

48. Je cache la santé de ma famille dans le sang de jésus au nom de Jésus. Amen !

49. Je cache les projets de ma famille dans le sang de Jésus au nom de Jésus. Amen !

50. Je proclame la victoire sur tous les défis qui se trouveront sur mon chemin de ma famille, au nom de Jésus. Amen

51. Seigneur rend ma famille invisible aux yeux de l'ennemi au nom de Jésus. Amen !

52. Je cache ma famille dans le sang de jésus au nom de jésus. Amen !

53. Que tout calendrier mystique imprimé contre la vie de ma famille soit consumé par le feu au nom de Jésus. Amen !

54. Que toute date de malheur programmer par l'ennemi contre la vie de ma famille soit effacé par le sang de jésus, au nom de jésus. Amen !

55. Seigneur dégage sur le chemin de ma famille tout agent de l'ennemi préparé contre elle pendant cette journée, au nom de Jésus. Amen !

56. Seigneur dégage sur le chemin de ma famille toutes mauvaises mains de salutations. Au nom de jésus. Amen !

57. Je bâtis une haie de protection autour de ma famille au nom de Jésus. Amen !

58. Je bâtis une haie de protection autour de la santé de ma famille au nom de Jésus. Amen !

59. Je bâtis une haie de protection autour de la destinée de ma famille, au nom de Jésus. Amen !

60. Je bâtis une haie de protection autour de des projets de ma famille, au nom de Jésus. Amen !

61. Je bâtis une haie de protection autour des affaires de ma famille au nom de Jésus. Amen !

62. Je bâtis une haie de protection autour des pensées de ma famille, au nom de Jésus. Amen !

63. Je bâtis une haie de protection autour des emplois de ma famille au nom de Jésus. Amen !

64. Je bâtis une haie de protection autour des finances de ma famille au nom de Jésus. Amen !

65. Je bâtis une haie de protection autour des entreprises de ma famille au nom de Jésus. Amen !

66. Je bâtis une haie de protection autour de des talents de ma famille, au nom de Jésus. Amen !

67. Je bâtis une haie de protection autour de des dons de ma famille, au nom de Jésus. Amen !

68. Seigneur enveloppe ma famille de ta muraille de feu au nom de Jésus. Amen !

69. Seigneur protège ma famille contre les empoisonnements. Au nom de Jésus. Amen !

70. Je révoque tout décret satanique sur la destinée de ma famille au nom de Jésus. Amen !

71.Père que toute télécommande mystique qui manipule la vie de ma famille soit grillée au nom de Jésus. Amen !

72. Que toutes représailles de l'ennemi contre ma familleà cause de sa prière soit nulle et sans effet. Au nom de Jésus. Amen !

Remerciez le Seigneur tout puissant pour l'exaucement de vos prières.

LE SOIR

Priez à partir de 22h pour la protection de votre famille, pour les blinder dans le sang de Jésus et couvrir sécuriser leur nuit contre les oppressions démoniaques, les couches de nuits, les repas de nuit, les breuvages de nuit etc.
N.B : C'est à partir de ses horaires que le diable et les agents du mal se lève pour organiser leurs nuits d'attaques mystiques pour lancer les sortilèges, les maladies mystiques et vous attaquer dans votre sommeil et dans vos rêves. Vous devez vous lever pour les anéantir dans la prière.

POINTS DE PRIÈRES

1. Je place ma vie, le corps, l'âme, etl'esprit, mon étoile, de ma famille dans le sang de l'agneau. Au nom de Jésus. Amen

2. Seigneur lève-toi dans ma vie de ma famille pour écraser à néant tous les méchants plans de l'ennemi contre leur vie, corps, âme, esprit, dans Au nom de Jésus. Amen !

3. Seigneur lève-toi dans la vie de ma famille pour écraser à néant tous les méchants plans de l'ennemi contre leur nuit. Au nom de Jésus. Amen !

4. J'annule tous les plans de mort contre ma famille pendant cette nuit au nom de Jésus. Amen !

5. Je détruis toutes les œuvres de l'ennemi contre ma famille pendant cette nuit au nom de Jésus. Amen !

6. Seigneur protège ma famille contre les oppressions démoniaques au nom de Jésus. Amen !

7. Seigneur protège ma famille contre les couches de nuit au nom de Jésus. Amen !

8. Seigneur protège ma famille contre les maladies mystiques au nom de Jésus. Amen !

9. Seigneur protège ma famille contre les sortilèges au nom de Jésus. Amen !

10. Que tout sortilèges envoyer contre ma famille soit détruit par le feu, et retourne à l'envoyeur, au nom de jésus. Amen !

11. Seigneur protège ma famille contre les poisons mystiques au nom de Jésus. Amen !

12. Seigneur protège ma famille contre les piqûres mystiques au nom de Jésus. Amen !

13. Que tout voix mystique qui appel ma famille dans la nuit soit muet, au nom de jésus. Amen !

14. Que toute personne qui utilise la voix de mes proches pour appeler ma famille mystiquement soit paralysée au nom de jésus. Amen !

15. Je réduis à néant toutes conspirations contre ma famille pendant cette nuit, au nom de Jésus. Amen !

16. Je réduis à néant toutes armes forgées contre ma famille et je retourne l'arme de l'ennemi contre lui pour l'abattre au nom de Jésus. Amen !

17. J'anéantis toute forme d'incantations faites contre ma famille pendant cette nuit au nom de Jésus. Amen !

18.J'anéantis toutes prières psychiques faire contre ma famille au nom de jésus. Amen !

19. Je perce tout œil mystique qui guette la vie de ma famille au nom de Jésus. Amen !

20.J'annule toutes décisions de l'ennemi contre la paix de ma famille au nom de Jésus. Amen !

21.J'aplanis tous les plans de l'ennemi contre l'harmonie de ma famille au nom de jésus. Amen !

22. Je cache l'étoile de ma famille dans le sang de Jésus au nom de Jésus. Amen !

23. Je rends ma famille invisible aux yeux des sorciers au nom de Jésus. Amen !

24. Je rends ma famille invisible dans les miroirs au nom de Jésus. Amen !

25. Je révoque tout décret satanique contre la santé de ma famille au nom de Jésus. Amen !

26. Je révoque tout décret satanique contre le bonheur de ma famille au nom de Jésus. Amen !

27. Je bâtis une haie de protection autour des biens de ma famille, au nom de Jésus. Amen !

28. Je bâtis une haie de protection autour de l'intuition au nom de Jésus. Amen !

29. Au nom de Jésus, je lis toutes les principautés, puissances de l'air, et de méchanceté dans les hauts lieux, qui exercent une influence la ma vie de ma famille au nom de Jésus. Amen

30. Au nom de Jésus, je lis toutes les principautés, puissances de l'air, et de méchanceté qui exercent une influence sur la destinée de ma famille, au nom de jésus. Amen

31. Au nom de Jésus, je lis toutes les principautés, et puissances qui influencent les affaires de ma famille au nom de jésus. Amen

32. Au nom de Jésus, je détruis tout pouvoir mystique qui contrôle les pas de ma famille au nom de Jésus. Amen

33. Au nom de Jésus, je lis et je brise toute œuvre maléfique qui affecte les émotions de ma famille au nom de jésus. Amen

34. Au nom de Jésus, je liset je brise toute œuvre maléfique sur ma famille au nom de Jésus. Amen

35. Je déloge tout esprits démoniques qui nuire ma famille au nom de Jésus. Amen

36. Au nom de Jésus, je détruis tous pouvoirs maléfiques qui apportent de l'aide aux ennemies de ma famille au nom de Jésus. Amen

51. Remerciez le Seigneur tout puissant pour l'exaucement de vos prières.

Armez-vous toujours de la prière pour tirer sur les forces maléfiques qui s'attaquent à vous. Nous vivons dans un monde de méchanceté et d'hypocrisie. Réveillez-Vous ! Pour votre sécurité

Chapitre 7

PRIERES CONTRE LES FORCES SATANIQUES SUR VOTRE FAMILLE

PRIEZ LE SOIR ENTRE 00H et 03h

LISEZ LES SAINTS ECRITURES

1 Cor 9 :26 : « ***Je frappe, non pas comme battant l'air.*** »

2Cor 10 :3-5 ***« Si nous marchons dans la chair, nous ne combattons pas selon la chair. Car les armes avec lesquelles nous combattons ne sont pas charnelles ; mais elles sont puissantes, par la vertu de Dieu, pour renverser des forteresses. Nous renversons les raisonnements et toute hauteur qui s'élève contre la connaissance de Dieu, et nous amenons toute pensée captive à l'obéissance de Christ. »***

1. Que toute chaîne satanique qui retient ma famille captive soit brisée au nom de Jésus.

2. Que tout pouvoir démoniaque qui attaque ma famille à cause de mes prières, tombe et meurs au nom de Jésus.

3. Que le pouvoir de Dieu restaure toutes les vertus et les potentiels volés à ma famille au nom de Jésus. Amen

4. O Père lève-Toi pour détruit par ton tonnerre tous les autels et temples assignés contre ma famille, au nom de Jésus.

5. Que toute image, tout élément qui représentent ma famille dans le Royaume des ténèbres, soient brulée par le feu, au nom de Jésus.

6. Je déclare que cette année, est l'année du succès et d'accomplissement pour ma famille au nom de Jésus.

7. Que toute flèche maléfique tirée contre ma famille, retourne à l'envoyeur au nom de Jésus.

8. Tout pouvoir, assis sur la richessede ma famille, reçois le feu et meurs au nom de Jésus.

9. Cercueils sataniques préparés contre ma famille, prenez feu au nom de Jésus.

10. Par le sang de Jésus, j'efface toute écriture d'échec et de honte venant des mains maléfiques sur ma famille au nom de Jésus.

11. Que tous pouvoir de serpent et pouvoir des eaux qui troublent ma famille, reçoiventle feu et meurs au nom puissant de Jésus

12. Que tout ennemi de la maison de mon père qui œuvre contre ma famille, tombe et meurt au nom de Jésus.

13. Je décrète que tous les mois restant de cette année seront des mois de santé divine pour ma famille au nom de Jésus.

14. Je retire le contrôle de ma famille des mains et de la domination des ennemis de ma lignée familiale au nom de Jésus.

15. O Dieu des miracles, opère un miracle étonnant dans ma famille avant la fin de cette année, au nom de Jésus.

16. O Dieu mon Père, donne à ma famille la puissance de résister à toute chose ou toute personne qui voudrait prendre ta place dans ma famille au nom de Jésus.

17. Feu de Dieu, descend et détruit tous les autels négatifs de la maison de mon père qui affectent ma famille au nom de Jésus.

18. Feu de Dieu, descend et détruit tous démons en mission venant de la maison de mon père qui affectent ma famille au nom de Jésus.

19. Par le Sang puissant de Jésus Christ, que toute malédiction envoyée contre ma famille soit brisée au nom de Jésus.

20.O Dieu, envoie Ton feu dans la fondation de ma famille et purifie ses fondements au nom de Jésus.

21. Je me lève contre tout destructeur de ma famille par le feu au nom de Jésus.

22. Je me lève contre toute puissance maléfique qui attaque ma famille au nom de Jésus.

23. Je lis tout esprit de mort qui rôde autour de ma famille, au nom de Jésus. Amen

24.J'invoque le feu céleste sur tous démons qui perturbe ma famille, au nom de Jésus.

25.J'invoque le tremblement de terre sur toute association mystique qui œuvre contre ma famille, au nom de Jésus.

26.J'annule toute imprécation mystique sur ma vie te ma famille au nom de Jésus. Amen

27.J'anéantis toute médisance de contre ma famille au nom de Jésus. Amen

28.J'appellele feu divin sur tous les ennemis de ma famille, au nom de Jésus. Amen

29. Je proclame la protection de Dieu sur ma famille, au nom de Jésus

.

Chapitre 8

AUTRES PRIERES CONTRE LES ATTAQUES DES FORCES MALEFIQUES

1. Eternel mon Dieu, exerce mes mains au combat contre ceux qui libèrent des incantations sur ma vie, au nom de Jésus

2. Dieu, exerce mes mains à la bataille contre tous démons qui combattent ma destinée, au nom de Jésus

3. Que toute manipulation de ma destinée par la sorcellerie, prends fin au nom de Jésus

4. Je coupe le cordon ombilical spirituel qui me relie à la maison de mon père et je brise le pouvoir maléfique de la maison de mon père sur ma vie, au nom de Jésus

5. Je coupe le cordon ombilical spirituel qui me relie à la maison de ma mère et je brise le pouvoir maléfique de la maison de ma mère sur ma vie, au nom de Jésus

6. Que tout pouvoir étranges assignés contre ma vie, soient détruits par Feu,au nom de Jésus

7. Que tout miroir étrange assignés contre ma vie, soient détruits par Feu, au nom de Jésus

8. Que toutes bougies étranges assignés contre ma vie, soient détruites par Feu, au nom de Jésus

9. Que toute étiquette mystique, placée sur ma vie pour attirer les problèmes, le rejet, la haine, la poisse et l'échec, soit effacé par le Sang de Jésus !Au nom de Jésus

10. Que tout symbole, placé sur ma vie pour attirer les problèmes, le rejet, la haine, la poisse et l'échec, soit effacé par le Sang de Jésus ! Au nom de Jésus.

11. Que tout sceau, placé sur ma vie pour attirer les problèmes, le rejet, la haine, la poisse et l'échec, soit détruit par le Sang de Jésus ! Au nom de Jésus.

12. Que toute écriture, placée sur ma vie pour attirer les problèmes, le rejet, la haine, la poisse et l'échec, soit effacé par le Sang de Jésus ! Au nom de Jésus.

13. Toute maladie cachée dans mon corps, soit déracinée par le Feu au nom de Jésus. (Mettez la main sur votre ventre en priant)

14. Toute nourriture que j'ai mangée à la table du diable, de manière consciente, ou inconsciente qui affecte ma vie et ma destinée, sors maintenant au nom de Jésus

15. Toute nourriture que j'ai mangée de manière consciente, ou inconsciente dans les rêves, qui affecte ma vie et ma destinée, sors maintenant au nom de Jésus

16. Que toutes mes informations, utilisées par l'ennemi, soient effacées par le Sang de Jésus, au nom de Jésus.

17. Que le Feu de Dieu consume en cendres toutes les archives des ténèbres contenant mon nom, au nom de Jésus

18.J'efface mon nom par le sang de Jésus, de tout registre de la mort au nom de jésus

19. Que le Feu de Dieu consume en cendres toutes les archives des ténèbres contenant les noms des membres de ma famille, au nom de Jésus

20. Que toute flèche d'envoûtement dans mon corps, sors et retourne à l'envoyeur, au nom de Jésus

21. Que toute flèche tirée dans ma vie pour me ramener à zéro, sors et retourne à l'envoyeur, au nom de Jésus

22. Que tout pouvoir dans la nature qui combat ma vie soit détruit par le feu au nom de Jésus-Christ

23. Que tout réseau satanique qui milite contre ma vie et ma destinée, soit dispersé par le Feu, au nom de Jésus

24. Que tout cycle satanique établi dans ma vie, soit brisé par le Sang de Jésus, au nom de Jésus

25. Que tout décret prise dans le royaume des ténèbres contre ma vie, expire par le Sang de Jésus, au nom de jésus.

26. Que toute décision prise dans le royaume des ténèbres contre ma vie, expire par le Sang de Jésus, au nom de jésus.

27. Que tout problème subi dans ma vie venant de la sorcellerie reçoive une solution instantanée par nom de Jésus

28. Que toutes mes bénédictions confisquées par les esprits maléfiques soient libérées par le Feu, au nom de Jésus

29. Par le Sang de Jésus, j'annule toutes les programmations et tous les échanges sataniques dans ma vie et ma destinée au nom de Jésus

30. Je me libère de tout pouvoir de maléfique par le Sang de Jésus, au nom de Jésus

31. Toutes les cornes maléfiques assignées à disperser l'œuvre de mes mains, soyez détruits, au nom de Jésus

32. Par le Sang de Jésus, je rachète tout ce qui m'a été volé durant ma conception au nom de Jésus

33.J'aveugle tout sorcier qui guette ma vie au nom de Jésus.

34. Que la terre vomisse toute mes bénédictions et tout héritage enterré dans les lieux sombres de la terre au nom de Jésus

35. Je proclame la lumière de Dieu sur ma vie et sur ma famille au nom de Jésus.

36. Je décrète aujourd'hui que la lumière de la grâce de Dieu ne sera jamais interrompue ni réduite dans ma vie.

37. Je déclare que toute entreprise satanique qui a été faite pour amener les ténèbres dans ma vie, tombe en faillite au nom de Jésus

38. Je brise toutes les malédictions libérées sur ma vie au nom de Jésus

39. Je brise tous les enchantements libérés sur ma vie au nom de Jésus

40. Je brise tous les envoûtements libérés sur ma vie au nom de Jésus

41. Dieu, étend ta Main puissante depuis les cieux, et retire-moi de tout arrêt imposé à ma vie par les pouvoirs mystiques au nom de Jésus

42. Toute eau stagnante maléfique utilisée pour faire stagner ma vie, assèche-toi par le Feu au nom de Jésus

43. Que tout pouvoir qui programme la tristesse dans ma vie, prends tes meurs au nom de Jésus

44. Que tout pouvoir qui programme les pleurs dans ma vie, meurs au nom de Jésus

45. Tout pouvoir, tout esprit, ou personnalité qui utilise mes enfants pour m'affliger et me tourmenter, meurs au nom de Jésus

46. Que les cieux déclarent la gloire de Dieu sur ma vie et ma destinée et celles de ma famille, au nom de Jésus

47. Je proclame que ma vie ne sera pas gaspillée elle sera fortifiée et vivifiée par la puissance du Saint Esprit dans ma vie

48. Je couvre ma vie, ma famille, mes possessions du Sang de Jésus et je nous entoure d'une muraille de Feu par le Saint Esprit

49. Je bâtis une haie de protection autour de mes biens au nom de Jésus-Christ

50. Que tout regroupement et rassemblement des forces des ténèbres contre ma famille et moi à cause de mes prières, soit dispersé par le tonnerre de Dieu ! au nom de Jésus !

Chapitre 9

PROCLAMATIONS

Faites des proclamations sur vous et votre famille

- Je proclame que Jésus-Christ est seigneur dans ma vie, amen (7x)
- Je proclame que Jésus-Christ règne dans ma vie, amen (7x)
- Je proclame la victoire de Jésus-Christ dans ma vie, amen (7x)
- Satan tu as échoué dans ma vie au nom de Jésus-Christ, amen (7x)
- Satan, jésus t'a vaincu dans ma vie au nom de Jésus-Christ, amen (7x)
- Je proclame que je suis la tête et non la queue au nom de Jésus-Christ, amen (7x)
- Je proclame que aucun malheur ne m'arrivera au nom de jésus amen (7)
- Je proclame la victoire de Jésus-Christ dans ma famille, amen (7x)
- Je vais mourir à la date de Dieu au nom de jésus, amen (7x)
- Je proclame la longévité dans ma vie au nom de Jésus-Christ, amen (7x)
- Je proclame la vie de Dieu dans ma vie au nom de Jésus-Christ, amen (7x)
- Je proclame la vie de Dieu dans ma famille au nom de Jésus-Christ, amen (7x)

- Je proclame la longévité dans ma vie au nom de Jésus-Christ, amen (7x)
- Je proclame que jésus est mon protecteur amen (7x)
- Je proclame que jésus est mon bouclier amen (7x)
- Je proclame jésus sur toutes ma génération amen (7x)
- Je proclame la santé dans ma vie au nom de Jésus-Christ
- Je proclame la santé dans ma famille au nom de Jésus-Christ
- Je proclame que j'appartiens à jésus, amen
- Je proclame que aucun mal ne m'arrivera. Amen
- Je proclame que je suis en sécurité avec jésus. Amen
- Je proclame que ma famille est en sécurité avec jésus. Amen
- Je proclame la grâce de Dieu dans ma vie. Amen
- Je Proclame la grâce de Dieu dans ma famille. Amen
- Je proclame qu'avec Jésus-Christ, il y'a la paix. Amen
- Je proclame que Jésus-Christ est unique. Amen
- Je proclame que Jésus-Christ est fort. Amen
- Je proclame le bonheur dans ma vie, Amen
- Je proclame le succès dans ma vie, Amen
- Je proclame qu'avec Jésus-Christ c'est mon pied ton pied, amen

- Proclame que je vais servir Dieu. Amen
- Proclame que Jésus est mon tout. Amen
- Je proclame que je suis couvert dans le sang de jésus. Amen
- Je proclame que jésus a effacé tous les actes qui me condamnaient. Amen
- Je proclame que je suis blindé par le sang de jésus. Amen
- Je proclame que jésus est ma bannière. Amen
- Je proclame que le seigneur a le dernier mot dans ma vie. Amen
- Je proclame que seuls les ordres de Dieu s'exécutera dans ma vie. Amen
- Je proclame que satan n'a pas de mot à dire dans ma vie. Amen

Au nom de Jésus-Christ

Amen !

Amen !

Amen !

Chapitre 10

CONSEILS POUR RESTER SOUS LAPROTECTION DIVINE ET DÉCLARATIONS BIBLIQUES

1. LA SANCTIFICATION

Pour rester sous la protection de Dieu il faudra fuir le péché et marcher dans la sanctification. La vie de sanctification protège contre le mal et chasse l'ennemie.Nous devons nous éloigner du mal et rester dans l'obéissance à Dieu.

RÉPÉTEZ CE VERSET BIBLIQUE CHAQUE JOUR AVEC FOI, ASSURANCE ET PENDANT VOS MOMENTS DE PRIERES

ESAIE 54 : 17

Toute arme forgée contre toi sera sans effet ; Et toute langue qui s'élèvera en justice contre toi, Tu la condamneras. Tel est l'héritage des serviteurs de l'Éternel, Tel est le salut qui leur viendra de moi, Dit l'Éternel.

RÉPÉTEZ CE VERSET BIBLIQUE CHAQUE JOUR AVEC FOI, ASSURANCE ET PENDANT VOS MOMENTS DE PRIERES

ESAIE 54 : 15

Si l'on forme des complots, cela ne viendra pas de moi ; Quiconque se liguera contre toi tombera sous ton pouvoir.

RÉPÉTEZ CE VERSET BIBLIQUE CHAQUE JOUR AVEC FOI, ASSURANCE ET PENDANT VOS MOMENTS DE PRIERES

ESAIE 08 : 10

Formez des projets, et ils seront anéantis ; Donnez des ordres, et ils seront sans effet : Car Dieu est avec nous.

RÉPÉTEZ CE VERSET BIBLIQUE CHAQUE JOUR AVEC FOI, ASSURANCE ET PENDANT VOS MOMENTS DE PRIÈRES

LUC 10 : 19

Voici, je vous ai donné le pouvoir de marcher sur les serpents et les scorpions, et sur toute la puissance de l'ennemi ; et rien ne pourra vous nuire.

Chapitre 11

QUELQUES ASTUCES SPIRITUELLES DE PROTECTION

ASTUCE 1 : LE JEUNE ET LA PRIÈRE POUR VOUS-MÊME

Prenez un jeune de 3 jours chaque mois et priez pour votreprotection ainsi que celle de Votre famille

ASTUCE 2 :
LE JEUNE ET LA PRIÈRE AUTOUR DE LA MAISON

Prenez un jeune de 3 jours et plus chaque mois et priez en faisant 7 tours autour de votre maison pour la couvrir dans la prière contre les attaques mystiques

ASTUCE 3 :
LE PSAUMES 91

Lisez le Psaumes 91, et faites des proclamations de protection chaque début de semaines à voix haute dans votremaison et sur vous-même, sans
Toute fois nuire au voisinage

ASTUCE 4 :
DIME ET OFFRANDE

Donnez la dime et vos offrandes à Dieu et soyez fidèles dans cette recommandation. La dime et l'offrande éloigne le mal de celui qui applique cette instruction divine

ASTUCE 5 :
EVITER LES PROBLEMES

Il faut éviter de chercher les problèmes et de faire du mal à autrui. Ce sont de telles actions qui attirent le mal.

Chapitre 12

MES TÉMOIGNAGES

Témoignage 1
Une voix étrange qui m'appelait dans la nuit.

Il y'a de cela quelques années où je faisais face à certaines attaques étrangères dans la nuit et même en journée. Tout le temps quand j'allais au coucher, il y avait une voix étrange qui m'appelait souvent par mon nom aux environs de 00h et parfois à 2h du matin mais je ne répondais jamais. Cette voix m'appelait avec colère. Quand cette personne maléfique a constaté que je ne répondais, il a commencé à utiliser les voix de ma maman et mon papa pour m'appeler pensant que j'allais répondre mais je ne répondais toujours pas.

Le matin à mon réveille je me suis vite rapproché de mes parents pour savoir s'ils m'avaient appelé dans la nuit, mais malheureusement la réponse était négative. Je me suis tourné vers Dieu pour savoir si c'est lui qui m'appelait, mais il m'a répondu en esprit me disant que ce n'était pas lui mais un ennemi invisible. Troublée par cette voix étrange, j'ai donc décidé d'entrée en guerre contre cette voix. J'ai commencé à prier avec agressivité et sainte colère en journée et dans la nuit pour détruire cette voix qui m'attaquait. Peu de temps après ces moments de prières, je n'ai plus entendu de voix m'appeler dans la nuit ni en journée. J'ai remercié le seigneur de m'avoir exaucé et d'avoir également détruit cette voix maléfique.
À travers ce témoignage j'ai vu l'efficacité de la prière.

Témoignage 2
Les Oppressions : En 2021 durant la période du Covid-19, je traversais une petite difficulté financière. Je priais le seigneur chaque jour de me béni avec en peu d'argent pour entreprendre un business et il m'avait pourvu comme j'avais demandé. J'ai donc entrepris le business que je souhaitais faire. Quand ce business a commencé à me produire des revenues, j'ai commencé à avoir les attaques dans mon sommeil sur forme d'oppression. Une nuit aux environs de 1h du matin, il y'a un esprit maléfique qui est venu m'oppressé avec un oreiller. Cet esprit prit l'oreiller pour mettre sur mon visage pour m'étoufferet m'appuyala tête avec au point oùje peinais à respirer. Je n'avais plus de force,

j'ai commencé à prier dans mon cœur en disant Jésus ! jésus ! Au secours. Après avoir fini d'appeler le nom de jésus dans mon cœur, cet esprit maléfique disparu immédiatement et je me suis réveillé brusquement en respirant si fort. Je vous assure que je venais de loin et je me posais vraiment la question de savoir qui est cette personne qui me veut du mal. Puis Dieu m'a révélé que cet esprit maléfique qui était venu pour m'oppressé avec l'oreiller est était une sorcière dans la famille de ma mère qui ne voulait pas me voir progresser. J'ai commencé à prier pour détruire les pratiques mystiques de cette dernière contre mon business et moi et je n'ai plus eu ce genre d'attaque jusqu'aujourd'hui.

A travers ce témoignage j'ai vu l'efficacité et le pouvoir de la prière.

Conseil : Quand vous vous sentez oppresser et n'arrivez pas à ouvrir votre bouche pour prier, il faudra prier dans votre cœur en prononçant le nom de Jésus et vous verrez le miracle à l'instant. Je parle par expérience.

Témoignage 3

Un Accident en 2017 : Un jour à mon lieu de service, ma hiérarchie m'avait demandé d'aller payer la facture d'électricité à l'agence. J'ai donc prise une moto pour un aller et retour. Deux semaines avant cet accident, mon sommeil ne faisait que s'arrêteraux environs de 2h du matin et c'était très récurent au point où je me posais des questions. Mais néanmoins je priais toujours pour dire à Dieu de veiller sur ma famille et moi parce que quand mon sommeil s'arrête parfois aux pareilles heures, celapourrait mesignaler qu'il y a un danger qui se trame à l'horizon contre moi ou contre un membre de ma famille.

Pour continuer la petite histoire. À mon retour donc de l'agence d'électricité, le conducteur de moto emprunta une route qui était sur un sens interdit sans le savoir. Puis en roulant, une voiture est sortie juste derrière un camion pour venir vers nous en vitesse et a fait coalition avec la moto qui m'avait portée. Cette coalition a balancé le conducteur au loin puis la moto s'est retrouvée en bas de la voiture qui nous avait cognée. Et moi de mon côté, ça m'avait envoyée en l'air pour que j'atterrisse pour me fracasser le corps. Mais à ma grande surprise, j'ai senti un ange de Dieu qui m'avait attrapé en l'air pour me déposer au sol. Quand je me suis retrouvé au sol, je n'avais aucune douleur ni fracture. Wow quel miracle divin. Je n'en revenais pas, la foule qui avait vécu cet accident était étonnée de voir ce qui s'était passé avec moi, d'autres m'ont demandé si j'avais prié le matin, j'ai répondu oui ! et certains m'ont dit que je suis l'enfant de Dieu parce que l'accident qu'il ont vu ce matin-là était la mort subite.

Cher ami Dieu est grand, à travers cet accident j'ai vraiment vu et cru que chacun d'entre nous a un ange gardien. Et à cet instant même, je me suis souvenu du Psaumes 91 : 11-12 qui dit ceci :

"***Car il ordonnera à ses anges De te garder dans toutes tes voies;Ils te porteront sur les mains, De peur que ton pied ne heurte contre une pierre.****J'ai vécu ce verset biblique en direct je vous assure.*

Après cet accident ont m'a transporté à l'hôpital et arrivé là-bas le médecin a dit à mes collègues que je n'avais aucune fracture ni de choque mais juste en peu de stresse. La prière est très importante, je vous encourage à prier.

Chapitre 13

MON EXPÉRIENCE AVEC LA PROTECTION DIVINE

L'expérience que j'ai eu avec la prière est que lorsque tu pries, l'ennemi a peur de toi. Il ne peut pas t'attaquer ni t'atteindre facilement. L'ennemi déteste les gens qui prient. Les mauvaises personnes également éprouvent de la haine pour des personnes qui prient. J'ai constaté que quand une personne cherche à vous faire du mal et qu'elle réalise que vous êtes blindés par la prière, elle devient farouche contre vous.

En effet, la prière fortifie, vivifie et fait briller le visage. Chaque fois que je me sens attaqué par des forces maléfiques et que je commence à prier, je sens immédiatement du réconfort. J'ai trouvé beaucoup de solutions au travers de la prière et je continue d'en trouver.

CONCLUSION

Nous devons prier sans cesse parce que le diable rôde à chaque seconde comme un lion rugissant pour chercher qui dévorer. Ne nous laissons pas dévoré par lui. Avec Jésus-Christ nous avons le pouvoir de nuire satan et d'anéantis tous ses œuvres contre nous. La prière est une grande arme de destruction et de riposte. Armez-vous matin, midi et soir.

Un chrétien qui ne marche pas avec son arme est un homme mort. Car la prière est l'arme du chrétien,

APPEL

Si vous avez un problème spirituel et vous êtes à la recherche des solutions, N'hésitez pas de nous contacter par les contacts ci-dessous. Nous serons heureux de vous apporter des solutions efficaces avec Jésus-Christ

Bénédictions à vous,

PRISE DE CONTACT

Oracle LAURICE ELOK
Écrivaine Chrétienne, Auteure, Guide Spirituelle
Et Fondatrice

DE
REVEILLEZ-VOUS !

MINISTERE DE PRIERE
ET DE LITTERATURE CHRETIENNE

POUR
LE RÉVEIL SPIRITUEL
LA DÉLIVRANCE ET LA RESTAURATION
DES VIES

Contact

+237 678738942/ 655451966
Numéro WhatsApp : +237 678738942
Email:lauriceelok@gmail.com

CAMEROUN

Réseaux Sociaux
Tweeter :lllaurice | **LinkedIn** : Laurice Elok
Facebook :Laurice Elok

CÉLÉBREZ DIEU POUR LA VICTOIRE ET L'EXAUCEMENT À VOS PRIÈRES

Célébrez Dieu pour l'exaucement de vos prières et pour la victoire qu'il vous a donné. Il vous a pardonné, écoutez, et exaucés vos prières pendant ce programme de prière.Pouvez-vous réellement payer Dieu pour ce qu'il a faire dans votre vie à travers ce programme ? NON !

POUR LUI TÉMOIGNER VOTRE GRATITUDE,

- Vous pouvez lui remercier par la prière

- Vous pouvez le louer et l'adorer par des cantiques et des chansons gospel
-
- Vous pouvez témoigner ses bienfaits dans votre vie avec d'autres personnes

- Vous pouvez lui donner une offrande d'action de grâce par le Ministère Réveillez-vous qu'il a utilisé pour vous aider spirituellement.

- Vous pouvez faire un don pour soutenir son œuvre " **Réveillez-Vous** "

Si Dieu vous met à cœur de semer dans ce Ministère de délivrance.
Contactez-nous par téléphone au +237 678738942/ 699783072 ou
lauriceelok@gmail.com

Printed by Books on Demand GmbH, Norderstedt / Germany